Inhalt

Bilanzausgliederung von Pensionsrückstellungen

Kernthesen

Beitrag

Fallbeispiele

Weiterführende Literatur

Impressum

Bilanzausgliederung von Pensionsrückstellungen

A. Kaindl

Kernthesen

- Die Debatte über die Pensionsverbindlichkeiten wurde von Standard & Poor's (S & P) angeheizt, indem diese wegen ungedeckter Pensionsrückstellungen den Bonitätsausblick für zehn europäische Unternehmen auf Negativ setzte.
- Die bilanzverlängernde Wirkung der Pensionsrückstellungen und deren oft erheblicher Anteil an der Bilanzsumme haben eine Verschlechterung wichtiger Bilanzkennzahlen zur Folge.

- Durch die Ausgliederung von Pensionsrückstellungen wird die Bilanz transparenter und vergleichbarer.

Beitrag

Bedeutung und Zweck der Pensionsrückstellungen

In Deutschland ist der Einfluss ungedeckter Pensionsrückstellungen auf die Bonität eines Unternehmens zu einem bedeutenden Thema avanciert. Für viel Wirbel hat S & P gesorgt, als die Ratingagentur 500 europäische Unternehmen hinsichtlich ihrer Pensionsverpflichtungen genauer unter die Lupe nahm, schließlich zehn davon auf die Beobachtungsliste setzte und eine Herabstufung der Bonitätsnote in Aussicht stellte. Auch in Amerika und Großbritannien hat die seit drei Jahren andauernde Aktienbaisse zu einer massiven Unterdeckung der Pensionsfonds geführt. Der daraus resultierende Nachschussbedarf belastet die Trägerunternehmen und hat die Ratingagenturen aufhorchen lassen. (1), (8), (9)

Deutsche Unternehmen haben bei der betrieblichen

Altersvorsorge traditionell auf den Durchführungsweg der Direktzusage gesetzt. Dabei sagt das Unternehmen seinen Mitarbeitern zu, ihnen im Alter unter bestimmten Voraussetzungen, wie Dauer der Betriebszugehörigkeit, eine Rente zu zahlen. Um das Versprechen halten zu können, bildet das Unternehmen Pensionsrückstellungen.

Die Summe der in Deutschland über Pensionsrückstellungen finanzierten betrieblichen Pensionsversprechen dürfte sich Ende 2002 auf EUR 220 Mrd. belaufen haben. Der nach IAS und US-GAAP auszuweisende Betrag wäre mit großer Wahrscheinlichkeit deutlich höher. Von den bilanzierten Pensionsrückstellungen sind etwa 75 Prozent nicht durch entsprechende, für den Versorgungszweck gebundene Assets auf der Aktivseite gedeckt. Diese rund EUR 165 Mrd. sind traditionell im Wege der Innenfinanzierung in den Unternehmen reinvestiert. (1), (2), (3), (4)

Bilanzielle Auswirkungen von Pensionsverpflichtungen

Die Auswirkungen von Pensionsverpflichtungen auf die Bilanz eines Unternehmens sind nicht zu unterschätzen. Ihre bilanzverlängernde Wirkung und der oft erhebliche Anteil an der Bilanzsumme haben eine Verschlechterung wichtiger Bilanzkennzahlen zur Folge und Einfluss auf die Beurteilung durch Ratingagenturen. Da das Rating unmittelbare Auswirkungen auf die Fremdkapitalkosten und damit auf den Cash-flow hat, stellen sich viele Unternehmen die Frage nach der Auslagerung der Pensionsrückstellungen. Außerdem werden sich im Rahmen der Umstellung der Bilanzierung von HGB auf IAS höhere Verpflichtungen errechnen als bisher. Gemäß IAS 19 besteht die Möglichkeit, die Pensionsrückstellungen auf einen externen Versorgungsträger auszulagern und auszufinanzieren. (3), (4)

Gründe für die Ausgliederung der Pensionsrückstellungen

Bilanzielle Optimierung: Durch die Ausgliederung werden die Personalkosten reduziert und damit der EBITDA verbessert, da eine Verrechnung der Fondserträge mit den Pension Costs erfolgt. Ein weiterer Effekt ist die Bilanzverkürzung durch Netting von Pensionsverbindlichkeiten und Funding Assets. Dieser Effekt ist insbesondere für Industrieunternehmen von großer Bedeutung, da hier in Einzelfällen bis zu 30 Prozent der Passiva aus

Pensionsrückstellungen bestehen. Die von den internationalen bzw. amerikanischen Pension Accounting Standards (IAS 19, FAS 87) vorgesehenen Glättungsmechanismen ermöglichen es, die durch kurzfristige Schwankungen des Deckungsgrades verursachte Volatilität der Gewinn- und Verlustrechung sowie der Bilanz zu reduzieren. (1), (2)

Die personalpolitischen Ziele bestehen in der Absicherung der Rentenansprüche und -anwartschaften über den Pensionssicherungsverein hinaus, sowie eine weitere Flexibilisierung der Versorgungspläne im Sinne reduzierter oder besser berechenbarer Risiken für das Unternehmen. (2)

Das Risikomanagement profitiert von der integrierten Betrachtung von Aktiva und Passiva, der jederzeitigen Transparenz der ökonomischen - nicht nur der bilanziellen - Situation des Versorgungswerkes und der Bewusstmachung der Risiken, etwa bei langfristig rückläufigem Zinsniveau. (2)

In Abhängigkeit vom Unternehmen und der Branche werden die genannten Punkte unterschiedlich gewichtet sein. Weitere Aspekte wie zum Beispiel die Frage der Eigen- oder Fremdfinanzierung und steuerliche Vorteile können hinzukommen. (2)

Argumente für die interne bzw. externe Finanzierung der betrieblichen Altersversorgung

Für die interne Finanzierung, d. h. für die Pensionsrückstellungen spricht, dass die Bildung dieser Rückstellungen den Unternehmensgewinn und damit die Steuerlast mindert, obwohl zunächst keine Auszahlungen zu leisten sind. Das zurückgestellte Geld bleibt im Unternehmen und steht für Investitionen zur Verfügung. Weitere Vorteile sind das nicht vorhandene Refinanzierungsrisiko und die Flexibilität bei der Rückzahlung der Pensionsschulden. (1), (4), (8)

Gegner der Ausgliederung argumentieren, dass Pensionsfonds riskanter als Pensionsrückstellungen seien, weil Unternehmen, die ihr Fondsvermögen in Aktien anlegen, mit Kursverlusten rechnen müssen. (5)

Befürworter externer Finanzierungsmethoden heben die größere Transparenz und Vergleichbarkeit der Bilanzen im Falle der externen Finanzierung hervor. Außerdem ist es leichter möglich, Risiken, die mit der Finanzierung der langfristigen Pensionsverbindlichkeiten verbunden sind, zu diversifizieren. (1)

Die Einführung der Internationalen Rechnungslegungsgrundsätze IAS, die Nachfrage nach detaillierten Informationen, sowie die Forderung nach einer besseren Vergleichbarkeit der Unternehmen sprechen für eine externe Finanzierung der betrieblichen Altersversorgung. (1)

Zwei Arten der Ausgliederung von Pensionsverbindlichkeiten

Treuhänderlösung

Bei der Treuhänderlösung, auch Contractual Trust Arrangement genannt, handelt es sich nicht um einen klassischen Durchführungsweg der betrieblichen Altersversorgung, sondern vielmehr um eine spezielle Konstruktion unter IAS/US-GAAP. Hierbei wird die Separierung des Versorgungsvermögens bei gleichzeitiger Insolvenzsicherung der Pensionsverpflichtungen möglich. (3)

Pensionsfonds

Die Ausgliederung von Pensionsverbindlichkeiten kann auch über einen Pensionsfonds erfolgen. Der Arbeitgeber verspricht, bestimmte Beiträge in diesen Fonds einzuzahlen. Dem Arbeitnehmer in Deutschland werden mindestens die Beiträge des Arbeitgebers als Rente zugesichert. Hat der Fonds die Beiträge so schlecht angelegt, dass ihm selbst das nicht möglich ist, muss das Unternehmen bis zu dieser Höhe nachschießen. (3), (4)

Fallbeispiele

Die Deutsche Bank gliedert den allergrößten Teil ihrer Pensionsrückstellungen für Mitarbeiter in Deutschland aus der Bilanz aus und bringt sie mit klar zugeordneten Aktiva in eine Master-Fonds-Struktur ein. Der Effekt der Verbesserung der EBITDA durch Verrechnung der Fondserträge mit den Pensions Costs beziffert sich bei der Deutschen Bank auf rund EUR 240 Mio. im Jahr. (2)

Thyssen-Krupp wurde wegen seiner Rentenzusagen an die Mitarbeiter von der Ratingagentur S & P abgestraft. Da diese erstmals die Pensionsrückstellungen voll dem Fremdkapital gleichsetzte, wurde das Rating, das die zu erwartende Zahlungsfähigkeit des Unternehmens ausdrückt, schlechter eingestuft. (4), (5)

Der Baustoffkonzern Dyckerhoff musste bei der Umstellung der Bilanzierung von HGB auf IAS seine Pensionsrückstellungen um mehr als ein Drittel (EUR 132 Mio.) aufstocken. (4)

Der KarstadtQuelle-Konzern hat bereits im Jahr 2002 mit der Neuordnung der betrieblichen Altersversorgung begonnen. Der Einzelhandelskonzern will bis zu EUR 2 Mrd. Deckungsvermögen und Pensionsverpflichtungen nach dem Konzept des Contractual Trust Arrangement in einen betriebseigenen Pensionsfonds ausgliedern. Damit verschwinden die teuren Pensionsverpflichtungen aus der Bilanz. Bei Karstadt Quelle schlagen die Pensionsrückstellungen mit EUR 2,6 Mrd. zu Buche. Insgesamt liegt die Verschuldung des Konzerns bei EUR 5,5 Mrd. Dem steht ein Eigenkapital von EUR 1,8 Mrd. gegenüber. Da das Verhältnis von Schulden zum Eigenkapital sehr hoch ist, sehen Analysten in der Ausgliederung ein positives Signal. (5), (10)

Die HypoVereinsbank weist in einer Studie auf die

Risiken der ungedeckten Pensionsverpflichtungen im Rahmen der betrieblichen Altersvorsorge bei deutschen Unternehmen hin. Da bei den meisten Unternehmen bis in die 90er Jahre hinein die Belegschaften wuchsen, werden die aus dem Cashflow zu bedienenden Pensionszahlungen auch bei anhaltendem Personalabbau absehbar noch bis in die Jahre 2015 oder 2020 weiter steigen. Besonders stark betroffen sind personalintensiv wirtschaftende Unternehmen der Old Economy wie MAN, VW, RWE oder Lufthansa. Die ersten deutschen Unternehmen reagierten auf diese Situation und steuern nun gegen: RWE, TUI und VW haben in den letzten Jahren ihre Pensionszusagen gekürzt. (7)

Der Waschmittel-, Kosmetik- und Klebstoffkonzern Henkel überlegt derzeit, sein Pensionssystem vom Ansatz der defined benefits auf defined contribution umzustellen. (12)

Die Drohung von S & P, den Investitionsgüterkonzern Linde wegen der Pensionsrückstellungen das A-Rating abzuerkennen, hatte der Aktie einen empfindlichen Schlag versetzt. Innerhalb weniger Tage wurden EUR 1,2 Mrd. an Börsenwert ausradiert. Linde fühlt sich unverstanden und zu Unrecht abgestraft. Linde hat Pensionsverpflichtungen von EUR 1,8 Mrd., das entspricht 44 Prozent des Eigenkapitals. Von diesen EUR 1,8 Mrd. sind EUR 800

Mio. außerhalb der Bilanz über Pensionsfonds abgedeckt. Gut EUR 1 Mrd. sind in der Konzernbilanz über Rückstellungen gedeckt. Linde sieht den großen Vorteil der Pensionsrückstellungen darin, dass das Kapital im Unternehmen verbleibt und dort arbeiten kann. Ein Blick auf die Entwicklung des Pensionsfonds macht das Beharren auf den Pensionsrückstellungen noch verständlicher: Das Geld hat sich dort negativ verzinst. Der Marktwert ist von EUR 800 Mio. auf EUR 660 Mio. geschmolzen, was zu einer Unterdeckung führte. Nach IAS 19 muss Linde deshalb dem Fonds über 15 Jahre jährlich 4 bis 5 Mio. EUR zuführen. (11)

Neun der größten US-Konzerne haben im vergangenen Jahr insgesamt USD 30,6 Mrd. an Verlusten in den Fußnoten ihrer Pensionssparpläne versteckt. Durch diesen Bilanztrick haben sie ihre Gewinne erheblich aufgepeppt. Gemäß der Bilanzierungsregel FAS 87 können Unternehmen bei ihren Pensionsfonds die erwartete Rendite statt der tatsächlich erzielten ansetzen, da die Unternehmen zur Glättung des Auf und Ab an den Märkten verpflichtet sind. So haben die neun Unternehmen ganz legal USD 30,6 Mrd. an Pensionsverlusten in einen Vorsteuergewinn von USD 7,9 Mrd. umgewandelt.
Hätten die Unternehmen aus dem S&P 500-Index die tatsächlichen Pensionserträge zu Grunde gelegt, wäre

ihr Gesamtgewinn im Jahr 2002 69 Prozent niedriger gewesen als 2001. Die Talfahrt an den Börsen hat den S&P 500-Werten über USD 200 Mrd. an Verlusten in ihren Pensionsfonds beschert. (13), (14)

Weiterführende Literatur

(1) Pensionsversprechen kaum über Finanzanlagen gedeckt
aus Frankfurter Allgemeine Zeitung, 27.03.2003, Nr. 73, S. 27

(2) Ausgliederung von Pensionsrückstellungen als Herausforderung Interessant für Asset Manager - Eine Fallstudie am Beispiel der Deutschen Bank
aus Börsen-Zeitung, 05.04.2003, Nummer 67, Seite B8

(3) Ganzheitlicher Lösungsansatz für Pensionsrückstellungen
aus Börsen-Zeitung, 11.04.2003, Nummer 71, Seite 8

(4) Die Unterdeckung der betrieblichen Altersvorsorge ist gewollt
aus Frankfurter Allgemeine Zeitung, 07.03.2003, Nr. 56, S. 14

(5) KarstadtQuelle gründet eigenen Pensionsfonds Handelskonzern bereinigt seine Bilanz "
Rückstellungen für die Altersvorsorge der Mitarbeiter in Höhe von 2,6 Mrd. Euro

aus FTD Financial Times Deutschland vom 08.04.2003, Seite 7

(6) "Der Mangel an institutionellen Anlegern rächt sich jetzt"
aus Frankfurter Allgemeine Zeitung, 02.04.2003, Nr. 78, S. 27

(7) HVB: Zu viele ungedeckte Pensionen Früher starker Belegschaftsabbau führt für lange Zeit zu steigenden Zahlungen
aus Börsen-Zeitung, 08.03.2003, Nummer 47, Seite 9

(8) "Für die Betriebsrenten muss der Cash-flow stimmen" S & P-Analysten kritisieren nicht die Höhe der Pensionsrückstellungen - Gespräche mit Unternehmen laufen - Interview mit Maria Bissinger und Ralf Kortüm
aus Börsen-Zeitung, 08.03.2003, Nummer 47, Seite 9

(9) Fitch hält Pensionszusagen für unproblematisch Rating-Agentur wird keine großen Bonitätsänderungen vornehmen
aus FTD Financial Times Deutschland vom 26.03.2003, Seite 23

(10) 2 Mrd. Euro in Pensionsfonds
aus Börsen-Zeitung, 17.04.2003, Nummer 75, Seite 9

(11) Pensionsrückstellungen bringen 7 Prozent Rendite "Angelsachsen verstehen die Bilanzposition nicht"

aus Börsen-Zeitung, 28.03.2003, Nummer 61, Seite 10

(12) Keine Zeitbombe bei Henkel
Pensionsverpflichtungen
aus Börsen-Zeitung, 06.03.2003, Nummer 45, Seite 10

(13) Negative Wertentwicklung in Höhe von über 30 Milliarden Dollar wird in Fußnoten versteckt - Ruf nach Änderung der Bilanzierungsvorgaben wird lauter US-Konzerne verwandeln Verluste der Pensionsfonds in Gewinne
aus Die Welt, Jg. 58, 22.03.2003, Nr. 69, S. 20

(14) Verluste in US-Pensionsfonds finden nur in Fußnoten statt Heftige Diskussion um Bilanzierungsregel FAS 87
aus Börsen-Zeitung, 22.03.2003, Nummer 57, Seite 9

Impressum

Bilanzausgliederung von Pensionsrückstellungen

Bibliografische Information der deutschen Nationalbibliothek

Die Deutsche Nationalbibliothek verzeichnet diese Publikation in der deutschen Nationalbibliografie; detaillierte bibliografische Daten sind im Internet über http://dnb.d-nb.de abrufbar.

ISBN: 978-3-7379-1170-2

© 2015 GBI-Genios Deutsche Wirtschaftsdatenbank GmbH, Freischützstraße 96, 81927 München, www.genios.de

Alle Rechte vorbehalten. Dieses Werk ist einschließlich aller seiner Teile – z.B. Texte, Tabellen und Grafiken - urheberrechtlich geschützt. Jede Verwertung außerhalb der Grenzen des Urheberrechtsgesetzes bedarf der vorherigen Zustimmung des Verlags. Dies gilt insbesondere auch für auszugsweise Nachdrucke, fotomechanische Vervielfältigungen (Fotokopie/Mikroskopie), Übersetzungen, Auswertungen durch Datenbanken oder ähnliche Einrichtungen und die Einspeicherung und Verarbeitung in elektronischen Systemen.